E JAN
JANGO-COHEN, JUDITH
VOLQUETES

DATE DUE

VOLQUETES

por Judith Jango-Cohen
Fotografías por Judith Jango-Cohen y Eliot Cohen

Libros para avanzar
potencia en movimiento

ediciones Lerner • Minneapolis

Un agradecimiento especial para Stephen Ward, Margaret McInnis y a todos los conductores de Benevento Sand and Stone. También agradecemos a Ray MacDonald y Walter Palladino, de Quinn-Perkins Sand and Gravel, y a Peter Shinney por el emocionante paseo. J.J.C.

Dedicado a Eloise Orsini, maestra de jardín de infantes de Burlington, cuyos alumnos escriben hermosos libros y quien me alentó a escribir desde el principio. J.J.C.

ediciones Lerner
Una división de Lerner Publishing Group
241 First Avenue North
Minneapolis, MN 55401 EUA

Dirección de Internet: www.lernerbooks.com

Library of Congress Cataloging-in-Publication Data

Jango-Cohen, Judith.
    [Dump trucks. Spanish]
    Volquetes / por Judith Jango-Cohen ; fotografías por Judith Jango-Cohen y Eliot Cohen.
        p. cm. — (Libros para avanzar)
    Includes index.
    ISBN-13: 978-0–8225–6228–3 (lib. bdg. : alk. paper)
    ISBN-10: 0–8225–6228–6 (lib. bdg. : alk. paper)
    1. Earthwork—Juvenile literature. 2. Dump trucks—Juvenile literature. I. Title. II. Series.
TA732.J3518 2007
629.225—dc22   2006007873

Fabricado en los Estados Unidos de América
1 2 3 4 5 6 – JR – 12 11 10 09 08 07

¿Cómo mueves una montaña?

¡Con un volquete!

Los volquetes transportan grandes **cargas** de un lugar a otro. Después las vuelcan.

Este camión mueve una carga de nieve.
La carga blanca viaja en la **caja**.

El conductor viaja en la cabina. ¿Alguna vez sube a la caja?

El conductor sube a la caja para cubrir
la carga. La lona cubre la nieve para
que no se caiga en la carretera.

El conductor mueve estas **palancas** para descargar el camión. ¿Qué hacen las palancas?

Las palancas hacen que se extiendan unos **pistones**. Los pistones elevan un extremo de la caja. La puerta de la caja se abre.

¡ZAS! La nieve se desliza fuera de la caja. Así es como vuelcan la carga los volquetes. Pero, ¿cómo se cargan?

El volquete se carga con una **cargadora frontal**. Ésta levanta ramas caídas.

La cargadora frontal levanta las ramas.
Al caer en la caja del volquete, las ramas
se quiebran.

Los volquetes también trabajan con **excavadoras**. Las excavadoras cavan agujeros con sus palas llenas de picos.

Los picos se clavan en la tierra.
¡CLANC! ¡CLANG! ¡BANG! La tierra
y las piedras caen en el camión.

Los volquetes mueven ramas y nieve. También mueven la tierra de los agujeros excavados, pero algunos ayudan a rellenar agujeros.

Este camión está cargado con **asfalto**. El asfalto rellena los baches de las carreteras. ¿Sabes para qué sirven las puertas?

El conductor
abre las
puertas para
que salga el
asfalto
caliente.

Después, comprime el asfalto caliente en el bache.

Algunos volquetes nunca andan por las calles. Son demasiado grandes.

Este volquete trabaja en una cantera
donde se extraen piedras. El camión es
tan grande que se necesita una escalera
para subir a la cabina.

Las ruedas de este camión son más grandes que el conductor.

El volquete transporta una carga de rocas grandes. Todo retumba mientras avanza por un camino polvoriento.

El conductor
se detiene
al final del
camino y
eleva un
extremo de
la caja.

La carga de rocas grandes cae en la **trituradora**. La trituradora rompe las rocas y las hace más pequeñas.

Ahora hay que mover una montaña de rocas trituradas al lugar donde construyen una carretera.

¡Qué suerte! Aquí viene un volquete.

Datos sobre los volquetes

- Los volquetes a veces trabajan en las minas. Transportan piedras que contienen pedacitos de oro, plata y diamantes.

- Si un volquete es demasiado grande para ir a una obra por la carretera, llega allí en partes. Los obreros lo arman en la obra.

- Algunos volquetes tienen luces que se encienden y apagan cuando la caja está casi llena.

- Un neumático de un volquete gigante puede pesar más que tres autos.

- Algunos volquetes tienen 18 ruedas.

Partes de un volquete

lona

carga

caja

cabina

pistón

rueda

Glosario

asfalto: material negro y pegajoso que se usa para construir calles

caja: parte trasera de un volquete, donde se transportan cosas

cargadora frontal: máquina con una pala en el frente que levanta y descarga

cargas: cosas que transportan los volquetes

excavadoras: máquinas grandes que cavan agujeros

palancas: controles que el conductor usa para descargar el volquete

pistones: barras de metal que elevan la parte trasera de un volquete para que pueda descargar

trituradora: máquina que rompe rocas grandes

Índice

Eliot Cohen

Acerca de la autora

Cuando Judith Jango-Cohen comenzó a buscar volquetes sobre los cuales escribir y para tomarles fotografías, no estaba segura de dónde los podría encontrar. Pronto descubrió conductores de volquetes haciendo trabajos por toda su ciudad natal de Burlington, Massachusetts. Los conductores se llevaban la nieve, rellenaban baches, transportaban ramas caídas y trabajaban en obras de construcción y canteras. Los volquetes son grandes, ruidosos e impresionantes, y sus conductores son muy amables. Uno de ellos hasta le permitió a Judith viajar en la cabina. Busca volquetes en tu vecindario. Es probable que los encuentres por todas partes.

Agradecimientos de fotografía

Fotografías adicionales cortesía de: © Dan Lamont/CORBIS, portada, pág. 21; © James L. Amos/CORBIS, contraportada; © Charles O'Rear/CORBIS, pág. 20; © Layne Kennedy/CORBIS, pág. 22. Ilustración de la pág. 29 de Laura Westlund, © Independent Picture Service.